yukismart.com/b/68d39d

pomme

яблоко

banane

банан

poire

груша

cerise

вишня

citron vert

лайм

citron

лимон

coing

айва

kiwi

киви

raisins

виноград

pastèque

арбуз

orange

апельсин

clémentine

клементин

fraise

клубника

framboise

малина

canneberge

клюква

myrtille

черника

groseille

смородина

mûre

ежевика

jus

сок

confiture

джем

tartine

тост

pamplemousse

грейпфрут

melon

дыня

pomelo

помело

kumquat

кумкват

mirabelle

слива мирабель

pêche

персик

abricot

абрикос

prune

слива

ananas

ананас

grenade

гранат

olive

оливка

figue

инжир

date

финик

avocat

авокадо

litchi

личи

kaki

хурма

carambole

карамбола

mangue

манго

ramboutan

рамбутан

longane

лонган

langsat

лангсат

mangoustan

мангостин

jacquier

джекфрут

sapotille

саподилла

goyave

гуава

jujube

жужуба

durian

дуриан

corossol

сметанное яблоко

papaye

папайя

fruit du dragon

питайя

noix de coco

кокос

cacao

какао

chocolat

шоколад

pomme de terre

картофель

maïs

кукуруза

patate douce

сладкий картофель

citrouille

тыква

butternut

мускатная тыква

manioc

маниока

carotte

морковь

tomate

помидор

champignon

гриб

brocoli

брокколи

asperges

спаржа

artichaut

артишок

concombre

огурец

épinard

шпинат

chou-fleur

цветная капуста

courgette

цуккини

salade

салат-латук

chou

капуста

aubergine

баклажан

navet

репа

radis

редиска

betterave

свекла

rhubarbe

ревень

chou de Bruxelles

брюссельская капуста

poireau

лук-порей

menthe

мята

céleri-rave

сельдерей

endive

эндивий

céleri

сельдерей

petits pois

горох

pois chiches

нут

haricot vert

зеленая фасоль

haricot rouge

красная фасоль

haricot mungo

маш

fenouil

фенхель

panais

пастернак

poivron

болгарский перец

piment

перец чили

poivre

перец

oignon

лук

ail

чеснок

gingembre

имбирь

noix de macadamia

макадамия

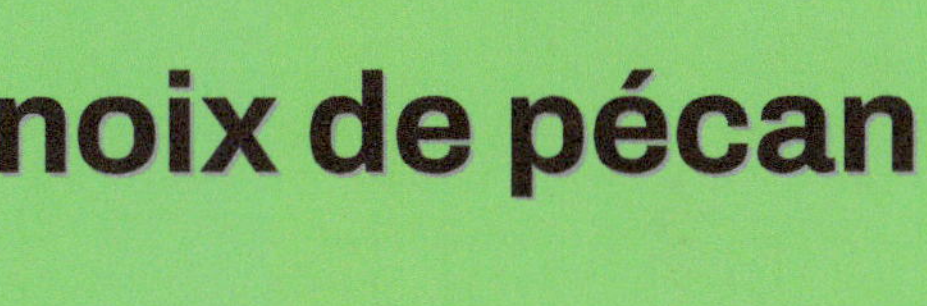

noix de pécan

орехи пекан

noix de cajou

кешью

noisettes

фундук

amande

миндаль

pistache

фисташки

cacahuète

арахис

châtaigne

каштан

noix

грецкие орехи

Milton Keynes UK
Ingram Content Group UK Ltd.
UKHW050103150823
426878UK00002B/67